Todos los libros de Linkgua Ediciones cuentan con modelos de Inteligencia Artificial entrenados por hispanistas. Pregúntale al chat de tu libro lo que desees acerca de la obra o su autor/a.

Para ebooks: Accede a nuestro modelo de IA a través de este enlace.

Para libros impresos: Escanea el código QR de la portada con tu dispositivo móvil.

Obtén análisis detallados de nuestros libros, resúmenes, respuestas a tus preguntas y accede a nuestras ediciones críticas generativas para una experiencia de lectura más enriquecedora.
La transparencia y el respeto hacia la autoría de las fuentes utilizadas son distintivos básicos de nuestro proyecto. Por ello, las respuestas ofrecen, mediante un sistema de citas, las fuentes con las que han sido elaboradas.

Garcilaso de la Vega

Sonetos

Barcelona 2024
Linkgua-ediciones.com

Créditos

Título original: Sonetos.

© 2024, Red ediciones S.L.

e-mail: info@linkgua.com

Diseño de la colección: Michel Mallard.

ISBN rústica ilustrada: 978-84-9007-148-9.
ISBN tapa dura: 978-84-1126-708-3.
ISBN ebook: 978-84-9897-801-8.

Sumario

Brevísima presentación

La vida

Garcilaso de la Vega (Toledo, c. 1501- Niza, 1536) fue poeta y militar en la corte española, y en ella estudió griego, latín, italiano, francés y música. Participó en diversas campañas militares de la corona, con Carlos I y Carlos V, y fue herido en varias ocasiones, la última de ellas, que le condujo a la muerte, en el asalto a una fortaleza en Le Muy, en el que fue el primer hombre en trepar por la escalera. Su carrera militar, que también lo llevó a Nápoles, le permitió ahondar en su conocimiento de la cultura clásica y redescubrir a autores como Virgilio, Ovidio u Horacio, que influirían en su obra poética, compuesta por cuarenta sonetos, cinco canciones, una oda en liras, dos elegías, una epístola, tres églogas, siete coplas castellanas y tres odas latinas.

Escritos en su mayoría en la década de 1520, durante el periodo en que en su obra se deja notar el influjo de Petrarca y de otros poetas del Renacimiento italiano, en los *Sonetos* Garcilaso de la Vega se ocupa de temas mundanos como la belleza y el amor al tiempo que admite su carácter efímero. Pero además de rescatar los tópicos de la poesía clásica latina, con los sonetos el poeta adaptaba los versos de once sílabas a la lengua española y, al pasar de las ocho a las once sílabas, no solo introducía en España el estilo lírico del Renacimiento italiano sino una forma que cambiaría para siempre la poesía en nuestra lengua. Ello explica que se lo considere como el precursor del llamado Siglo de Oro, pues su obra influiría a la mayoría de los grandes poetas españo-

les posteriores, desde Fray Luis de León, Cervantes y San
Juan de la Cruz hasta Lope de Vega, Góngora y Quevedo.

Sonetos

Soneto I

Cuando me paro a contemplar mi estado
y a ver los pasos por dó me ha traído,
hallo, según por do anduve perdido,
que a mayor mal pudiera haber llegado;

mas cuando del camino estoy olvidado,
a tanto mal no sé por dó he venido:
sé que me acabo, y mas he yo sentido
ver acabar conmigo mi cuidado.

Yo acabaré, que me entregué sin arte
a quien sabrá perderme y acabarme,
si quisiere, y aun sabrá querello:

que pues mi voluntad puede matarme,
la suya, que no es tanto de mi parte,
pudiendo, ¿qué hará sino hacello?

Soneto II

En fin, a vuestras manos he venido,
do sé que he de morir tan apretado,
que aun aliviar con quejas mi cuidado,
como remedio, me es ya defendido;

mi vida no sé en qué se ha sostenido,
si no es en haber sido yo guardado
para que solo en mí fuese probado
cuanto corta una espada en un rendido.

Mis lágrimas han sido derramadas
donde la sequedad y la aspereza
dieron mal fruto dellas y mi suerte:

¡basten las que por vos tengo lloradas;
no os venguéis más de mí con mi flaqueza;
allá os vengad, señora, con mi muerte!

Soneto III

La mar en medio y tierras he dejado
de cuanto bien, cuitado, yo tenía;
y yéndome alejando cada día,
gentes, costumbres, lenguas he pasado.

Ya de volver estoy desconfiado;
pienso remedios en mi fantasía;
y el que más cierto espero es aquel día
que acabará la vida y el cuidado.

De cualquier mal pudiera socorrerme
con veros yo, señora, o esperallo,
si esperallo pudiera sin perdello;

mas no de veros ya para valerme,
si no es morir, ningún remedio hallo,
y si éste lo es, tampoco podré habello.

Soneto IV

Un rato se levanta mi esperanza:
mas, cansada de haberse levantado,
torna a caer, que deja, mal mi grado,
libre el lugar a la desconfianza.

¿Quién sufrirá tan áspera mudanza
del bien al mal? ¡Oh corazón cansado!
Esfuerza en la miseria de tu estado;
que tras fortuna suele haber bonanza.

Yo mesmo emprenderé a fuerza de brazos
romper un monte, que otro no rompiera,
de mil inconvenientes muy espeso.
Muerte, prisión no pueden, ni embarazos,

quitarme de ir a veros, como quiera,
desnudo espirtu o hombre en carne y hueso.

Soneto V

21

Escrito está en mi alma vuestro gesto,
y cuanto yo escribir de vos deseo;
vos sola lo escribisteis, yo lo leo
tan solo, que aun de vos me guardo en esto.

En esto estoy y estaré siempre puesto;
que aunque no cabe en mí cuanto en vos veo,
de tanto bien lo que no entiendo creo,
tomando ya la fe por presupuesto.

Yo no nací sino para quereros;
mi alma os ha cortado a su medida;
por hábito del alma mismo os quiero.

Cuando tengo confieso yo deberos;
por vos nací, por vos tengo la vida,
por vos he de morir, y por vos muero.

Soneto VI

Por ásperos caminos he llegado
a parte que de miedo no me muevo;
y si a mudarme a dar un paso pruebo,
y allí por los cabellos soy tornado.

Mas tal estoy, que con la muerte al lado
busco de mi vivir consejo nuevo;
y conozco el mejor y el peor apruebo,
o por costumbre mala o por mi hado.

Por otra parte, el breve tiempo mío,
y el errado proceso de mis años,
en su primer principio y en su medio,

mi inclinación, con quien ya no porfío,
la cierta muerte, fin de tantos daños,
me hacen descuidar de mi remedio.

Soneto VII

No pierda más quien ha tanto perdido,
bástate, amor, lo que ha por mí pasado;
válgame agora jamás haber probado
a defenderme de lo que has querido.

Tu templo y sus paredes he vestido
de mis mojadas ropas y adornado,
como acontece a quien ha ya escapado
libre de la tormenta en que se vido.

Yo había jurado nunca más meterme,
a poder mío y mi consentimiento,
en otro tal peligro, como vano.

Mas del que viene no podré valerme;
y en esto no voy contra el juramento;
que ni es como los otros ni en mi mano.

Soneto VIII

De aquella vista buena y excelente
salen espirtus vivos y encendidos,
y siendo por mis ojos recibidos,
me pasan hasta donde el mal se siente.

Entránse en el camino fácilmente,
con los míos, de tal calor movidos,
salen fuera de mí como perdidos,
llamados de aquel bien que está presente.

Ausente, en la memoria la imagino;
mis espirtus, pensando que la vían,
se mueven y se encienden sin medida;

mas no hallando fácil el camino,
que los suyos entrando derretían,
revientan por salir do no hay salida.

Soneto IX

29

Señora mía, si yo de vos ausente
en esta vida turo y no me muero,
paréceme que ofendo a lo que os quiero,
y al bien de que gozaba en ser presente;

tras éste luego siento otro accidente,
que es ver que si de vida desespero,
yo pierdo cuanto bien bien de vos espero;
y ansí ando en lo que siento diferente.

En esta diferencia mis sentidos
están, en vuestra ausencia y en porfía,
no sé ya que hacerme en tal tamaño.

Nunca entre sí los veo sino reñidos;
de tal arte pelean noche y día,
que solo se conciertan en mi daño.

Soneto X

¡Oh dulces prendas, por mí mal halladas,
dulces y alegres cuando Dios quería,
Juntas estáis en la memoria mía,
y con ella en mi muerte conjuradas!

¿Quién me dijera, cuando las pasadas
horas que en tanto bien por vos me vía,
que me habiáis de ser en algún día
con tan grave dolor representadas?

Pues en una hora junto me llevastes
todo el bien que por términos me distes,
lleváme junto el mal que me dejastes;

si no, sospecharé que me pusistes
en tantos bienes, porque deseastes
verme morir entre memorias tristes.

Soneto XI

Hermosas ninfas, que, en el río metidas,
contentas habitáis en las moradas
de relucientes piedras fabricadas
y en columnas de vidrio sostenidas;

agora estéis labrando embebecidas
o tejiendo las telas delicadas,
agora unas con otras apartadas
contándoos los amores y las vidas:

dejad un rato la labor, alzando
vuestras rubias cabezas a mirarme,
y no os detendréis mucho según ando,

que o no podréis de lástima escucharme,
o convertido en agua aquí llorando,
podréis allá despacio consolarme.

Soneto XII

Si para refrenar este deseo
loco, imposible, vano, temeroso,
y guarecer de un mal tan peligroso,
que es darme a entender yo lo que no creo.

No me aprovecha verme cual me veo,
o muy aventurado o muy medroso,
en tanta confusión que nunca oso
fiar el mal de mí que lo poseo,

¿qué me ha de aprovechar ver la pintura
de aquél que con las alas derretidas
cayendo, fama y nombre al mar ha dado,

y la del que su fuego y su locura
llora entre aquellas plantas conocidas
apenas en el agua resfrïado?

Soneto XIII

A Dafne ya los brazos le crecían,
y en luengos ramos vueltos se mostraba;
en verdes hojas vi que se tornaban
los cabellos que el oro escurecían.

De áspera corteza se cubrían
los tiernos miembros, que aún bullendo es-
  taban:
los blancos pies en tierra se hincaban,
y en torcidas raíces se volvían.

Aquel que fue la causa de tal daño,
a fuerza de llorar, crecer hacía
este árbol que con lágrimas regaba.

¡Oh miserable estado! ¡oh mal tamaño!
¡Que con llorarla crezca cada día
la causa y la razón porque lloraba!

Soneto XIV

Como la tierna madre, que el doliente
hijo le está con lágrimas pidiendo
alguna cosa, de la cual comiendo,
sabe que ha de doblarse el mal que siente.

Y aquel piadoso amor no le consiente
que considere el daño que, haciendo
lo que le pide hace, va corriendo
y aplaca el llanto y dobla el accidente,

así a mi enfermo y loco pensamiento,
que en su daño os me pide, yo querría
quitarle este mortal mantenimiento.

Mas pídemele y llora cada día
tanto que cuanto quiere le consiento,
olvidando su muerte, y aun la mía.

Soneto XV

Si quejas y lamentos pueden tanto,
que enfrenaron el curso de los ríos,
y en los diversos montes y sombríos
los árboles movieron con su canto;

si convertieron a escuchar su llanto
los fieros tigres, y peñascos fríos;
si, en fin, con menos casos que los míos
bajaron a los reinos del espanto,

¿por qué no ablandará mi trabajosa
vida, en miseria y lágrimas pasada,
un corazón conmigo endurecido?

Con más piedad debría ser escuchada
la voz del que se llora por perdido
que la del que perdió y llora otra cosa.

Soneto XVI

No las francesas armas odïosas,
en contra puestas del airado pecho,
ni en los guardados muros con pertecho
los tiros y saetas ponzoñosas;

no las escaramuzas peligrosas,
ni aquel fiero rüido contrahecho
de aquel que para Júpiter fue hecho,
por manos de Vulcano artificiosas,

pudieron, aunque más yo me ofrecía
a los peligros de la dura guerra,
quitar una hora sola de mi hado.

Mas infic
ión del aire en solo un día
me quitó el mundo, y me ha en ti sepultado,
Parténope, tan lejos de mi tierra.

Soneto XVII

Pensando que el camino iba derecho,
vine a parar en tanta desventura,
que imaginar no puedo, aún con locura,
algo de que esté un rato satisfecho.

El ancho campo me parece estrecho,
la noche clara para mí es escura;
la dulce compañía, amarga y dura,
y duro campo de batalla el lecho.

Del sueño, si hay alguno, aquella parte
sola, que es imagen de la muerte,
se aviene con el alma fatigada.

En fin que como quiera estoy de arte,
que juzgo ya por hora menos fuerte,
aunque en ella me vi, la que es pasada.

Soneto XVIII

Si a vuestra voluntad yo soy de cera,
y por Sol tengo solo vuestra vista,
la cual a quien no inflama o no conquista
con su mirar, es de sentido fuera;

¿de do viene una cosa, que, si fuera
menos veces de mí probada y vista,
según parece que a razón resista,
a mi sentido mismo no creyera?

Y es que yo soy de lejos inflamado
de vuestra ardiente vista y encendido
tanto, que en vida me sostengo apenas;

mas si de cerca soy acometido
de vuestros ojos, luego siento helado
cuajárseme la sangre por las venas.

Soneto XIX

Julio, después que me partí llorando
de quien jamás mi pensamiento parte,
y dejé de mi alma aquella parte
que al cuerpo vida y fuerza estaba dando,

de mi bien a mí mismo voy tomando
estrecha cuenta, y siento de tal arte
faltarme todo el bien, que temo en parte
que ha de faltarme el aire sospirando;

y con este temor mi lengua prueba
a razonar con vos, oh dulce amigo,
del amarga memoria de aquel día

en que yo comencé como testigo
a poder dar, del alma vuestra, nueva
y a saberla de vos del alma mía.

Soneto XX

Con tal fuerza y vigor son concertados
para mi perdición los duros vientos,
que cortaron mis tiernos pensamientos
luego que sobre mí fueron mostrados.

El mal es que me quedan los cuidados
en salvo destos acontecimientos,
que son duros, y tienen fundamientos
en todos mis sentidos bien echados.

Aunque por otra parte no me duelo,
ya que el bien me dejó con su partida,
del grave mal que en mí está de contino;

antes con él me abrazo y me consuelo;
porque en proceso de tan dura vida
ataje la largueza del camino.

Soneto XXI

Clarísimo marqués, en quién derrama
el cielo cuanto bien conoce el mundo;
si el gran valor en que el sujeto fundo,
y al claro resplandor de nuestra llama

arribare mi pluma, y do la llama
la voz de vuestro nombre alto y profundo,
seréis vos solo eterno y sin segundo,
y por vos inmortal quien tanto os ama.

Cuanto del largo cielo se desea,
cuanto sobre la tierra se procura,
todo se halla en vos de parte a parte;

y, en fin, de solo vos formó natura
una extraña y no vista al mundo idea.
y hizo igual al pensamiento el arte.

Soneto XXII

5

Con ansia extrema de mirar qué tiene
vuestro pecho escondido allá en su centro,
y ver si a lo de fuera lo de dentro
en apariencia y ser igual conviene,

en él puse la vista: mas detiene
de vuestra hermosura el duro encuentro
mis ojos, y no pasan tan adentro
que miren lo que el alma en sí contiene.

Y así se quedan tristes en la puerta
hecha, por mi dolor, con esa mano
que aun a su mismo pecho no perdona;

donde vi claro mi esperanza muerta.
y el golpe, que os hizo amor en vano
non esservi passato oltra la gona.

Soneto XXIII

En tanto que de rosa y de azucena
se muestra la color en vuestro gesto,
y que vuestro mirar ardiente, honesto,
con clara luz la tempestad serena;

y en tanto que el cabello, que en la vena
del oro se escogió, con vuelo presto
por el hermoso cuello blanco, enhiesto,
el viento mueve, esparce y desordena:

coged de vuestra alegre primavera
el dulce fruto antes que el tiempo airado
cubra de nieve la hermosa cumbre.

Marchitará la rosa el viento helado,
todo lo mudará la edad ligera
por no hacer mudanza en su costumbre.

Soneto XXIV

Ilustre honor del nombre de Cardona,
décima moradora del Parnaso,
a Tansillo, a Minturno, al culto Taso
sujeto noble de inmortal corona;

si en medio del camino no abandona
la fuerza y el espirtu a vuestro Laso,
por vos me llevará mi osado paso
a la cumbre difícil de Helicona.

Podré llevar entonces, sin trabajo,
con dulce son que el curso al agua enfrena,
por un camino hasta agora enjuto,

el patrio celebrado y rico Tajo,
que del valor de su luciente arena
a vuestro nombre pague el gran tributo.

Soneto XXV

6

¡Oh hado ejecutivo en mis dolores,
cómo sentí tus leyes rigurosas!
Cortaste el árbol con manos dañosas,
y esparciste por tierra fruta y flores.

En poco espacio yacen los amores,
y toda la esperanza de mis cosas
tornados en cenizas desdeñosas,
y sordas a mis quejas y clamores.

Las lágrimas que en esta sepultura
se vierten hoy en día y se vertieron,
recibe, aunque sin fruto allá te sean,

hasta que aquella eterna noche oscura
me cierre aquestos ojos que te vieron,
dejándome con otros que te vean.

Soneto XXVI

Echado está por tierra el fundamento
que mi vivir cansado sostenía.
¡Oh cuánto bien se acaba en solo un día!
¡Oh cuántas esperanzas lleva el viento!

¡Oh cuán ocioso está mi pensamiento
cuando se ocupa en bien de cosa mía!
A mi esperanza, así como a baldía,
mil veces la castiga mi tormento.

Las más veces me entrego, otras resisto
con tal furor, con una fuerza nueva,
que un monte puesto encima rompería.

Aquéste es el deseo que me lleva,
a que desee tornar a ver un día
a quien fuera mejor nunca haber visto.

Soneto XXVII

Amor, amor, un hábito vestí
el cual de vuestro paño fue cortado;
al vestir ancho fue, más apretado
y estrecho cuando estuvo sobre mí.

Después acá de lo que consentí,
tal arrepentimiento me ha tomado,
que pruebo alguna vez, de congojado,
a romper esto en que yo me metí.

Mas ¿quién podrá de este hábito librarse,
teniendo tan contraria su natura,
que con él ha venido a conformarse?

Si alguna parte queda por ventura
de mi razón, por mí no osa mostrarse;
que en tal contradicción no está segura.

Soneto XXVIII

Boscán, vengado estáis, con mengua mía,
de mi rigor pasado y mi aspereza
con que reprehenderos la terneza
de vuestro blando corazón solía.

Agora me castigo cada día
de tal salvatiquez y tal torpeza:
mas es a tiempo que de mi bajeza
correrme y castigarme bien podría.

Sabed que en mi perfecta edad y armado,
con mis ojos abiertos me he rendido
al niño que sabéis, ciego y desnudo.

De tan hermoso fuego consumido
nunca fue corazón: si preguntado
soy lo demás, en lo demás soy mudo.

Soneto XXIX

Pasando el mar Leandro el animoso,
en amoroso fuego todo ardiendo,
esforzó el viento, y fuese embraveciendo
el agua con un ímpetu furioso.

Vencido del trabajo presuroso,
contrastar a las ondas no pudiendo,
y más del bien que allí perdía muriendo,
que de su propia muerte congojoso,

como pudo, esforzó su voz cansada,
y a las ondas habló desta manera
mas nunca fue su voz de ellas oída:

«Ondas, pues no se excusa que yo muera,
dejadme allá llegar, y a la tornada
vuestro furor ejecutad en mi vida.»

Soneto XXX

Sospechas, que en mi triste fantasía
puestas, hacéis la guerra a mi sentido,
volviendo y revolviendo el afligido
pecho, con dura mano noche y día;

ya se acabó la resistencia mía
y la fuerza del alma; ya rendido
vencer de vos me dejo, arrepentido
de haberos contrastado en tal porfía.

Llevadme a aquel lugar tan espantable,
que, por no ver mi muerte allí esculpida,
cerrados hasta aquí tuve los ojos.

Las armas pongo ya, que concedida
no es tan larga defensa al miserable;
colgad en vuestro carro mis despojos.

Soneto XXXI

Dentro de mi alma fue de mí engendrado
un dulce amor, y de mi sentimiento
tan aprobado fue su nacimiento
como de un solo hijo deseado;

mas luego de él nació quien ha estragado
del todo el amoroso pensamiento:
que en áspero rigor y en gran tormento
los primeros deleites ha tornado.

¡Oh crudo nieto, que das vida al padre,
y matas al abuelo! ¿por qué creces
tan disconforme a aquel de que has nacido?

¡Oh, celoso temor! ¿a quién pareces?
¡que la envidia, tu propia y fiera madre,
se espanta en ver el monstruo que ha parido!

Soneto XXXII

Estoy continuo en lágrimas bañado,
rompiendo el aire siempre con sospiros;
y más me duele el no osar deciros
que he llegado por vos a tal estado;

que viéndome do estoy, y lo que he andado
por el camino estrecho de seguiros,
si me quiero tornar para huiros,
desmayo, viendo atrás lo que he dejado;

y si quiero subir a la alta cumbre,
a cada paso espántanme en la vía,
ejemplos tristes de los que han caído.

sobre todo, me falta ya la lumbre
de la esperanza, con que andar solía
por la oscura región de vuestro olvido.

Soneto XXXIII

Mario, el ingrato amor, como testigo
de mi fe pura y de mi gran firmeza,
usando en mí su vil naturaleza,
que es hacer más ofensa al más amigo;

teniendo miedo que si escribo o digo
su condición, abato su grandeza;
no bastando su fuerza a mi crüeza
ha esforzado la mano a mi enemigo.

Y ansí, en la parte que la diestra mano
gobierna. y en aquella que declara
los conceptos del alma, fui herido.

Mas yo haré que aquesta ofensa cara
le cueste al ofensor, ya que estoy sano,
libre, desesperado y ofendido.

Soneto XXXIV

Gracias al cielo doy que ya del cuello
del todo el grave yugo ha desasido,
y que del viento el mar embravecido
veré desde lo alto sin temello;

veré colgada de un sutil cabello
la vida del amante embebecido
en su error, en engaño adormecido,
sordo a las voces que le avisan dello.

Alegrárame el mal de los mortales,
y yo en aquesto no tan inhumano
seré contra mi ser cuanto parece:

alegraréme, como hace el sano,
no de ver a los otros en los males,
sino de ver que dellos él carece.

Soneto XXXV

81

Boscán, las armas y el furor de Marte,
que con su propria fuerza el africano
suelo regando, hacen que el romano
imperio reverdezca en esta parte,

han reducido a la memoria del arte
y el antiguo valor italïano,
por cuya fuerza y valerosa mano
África se aterró de parte a parte.

Aquí donde el romano encendimiento,
donde el fuego y la llama licenciosa
solo el nombre dejaron a Cartago,

vuelve y revuelve amor mi pensamiento,
hiere y enciende el alma temerosa,
y en llanto y en ceniza me deshago.

Soneto XXXVI

83

A la entrada de un valle, en un desierto,
do nadie atravesaba, ni se vía,
vi que con extrañeza un can hacía
extremos de dolor con desconcierto;

agora suelta el llanto al cielo abierto,
ora va rastreando por la vía;
camina, vuelve, para, y todavía
quedaba desmayado como muerto.

Y fue que se apartó de su presencia
su amo, y no le hallaba; y esto siente;
mirad hasta do llega el mal de ausencia.

Movióme a compasión ver su accidente;
díjele, lastimado: «Ten paciencia,
que yo alcanzo razón, y estoy ausente.»

Soneto XXXVII

85

Mi lengua va por do el dolor la guía;
ya yo con mi dolor sin guía camino;
entrambos hemos de ir, con puro tino;
cada uno a parar do no querría;

yo, porque voy sin otra compañía,
sino la que me hace el desatino,
ella, porque la lleve aquel que vino
a hacerla decir más que querría.

Y es para mí la ley tan desigual,
que aunque inocencia siempre en mí conoce,
siempre yo pago el yerro ajeno y mío.

¿Qué culpa tengo yo del desvarío
de mi lengua, si estoy en tanto mal,
que el sufrimiento ya me desconoce?

Soneto XXXVIII

Siento el dolor menguarme poco a poco,
no porque ser le sienta más sencillo,
más fallece el sentir para sentillo,
después que de sentillo estoy tan loco.

Ni en sello pienso que en locura toco,
antes voy tan ufano con oíllo,
que no dejaré el sello y el sufrillo,
que si dejo de sello, el seso apoco.

Todo me empece, el seso y la locura;
prívame éste de sí por ser tan mío;
mátame estotra por ser yo tan suyo.

Parecerá a la gente desvarío
preciarme de este mal, do me destruyo:
y lo tengo por única ventura.

Libros a la carta

A la carta es un servicio especializado para
empresas,
librerías,
bibliotecas,
editoriales
y centros de enseñanza;
y permite confeccionar libros que, por su formato y concepción, sirven a los propósitos más específicos de estas instituciones.

Las empresas nos encargan ediciones personalizadas para marketing editorial o para regalos institucionales. Y los interesados solicitan, a título personal, ediciones antiguas, o no disponibles en el mercado; y las acompañan con notas y comentarios críticos.

Las ediciones tienen como apoyo un libro de estilo con todo tipo de referencias sobre los criterios de tratamiento tipográfico aplicados a nuestros libros que puede ser consultado en Linkgua-ediciones.com.

Linkgua edita por encargo diferentes versiones de una misma obra con distintos tratamientos ortotipográficos (actualizaciones de carácter divulgativo de un clásico, o versiones estrictamente fieles a la edición original de referencia).

Este servicio de ediciones a la carta le permitirá, si usted se dedica a la enseñanza, tener una forma de hacer pública su interpretación de un texto y, sobre una versión digitalizada «base», usted podrá introducir interpretaciones del texto fuente. Es un tópico que los profesores denuncien en clase los desmanes de una edición, o vayan comentando errores de interpretación de un texto y esta es una solución útil a esa necesidad del mundo académico.

Asimismo publicamos de manera sistemática, en un mismo catálogo, tesis doctorales y actas de congresos académicos, que son distribuidas a través de nuestra Web.

El servicio de «libros a la carta» funciona de dos formas.

1. Tenemos un fondo de libros digitalizados que usted puede personalizar en tiradas de al menos cinco ejemplares. Estas personalizaciones pueden ser de todo tipo: añadir notas de clase para uso de un grupo de estudiantes, introducir logos corporativos para uso con fines de marketing empresarial, etc. etc.

2. Buscamos libros descatalogados de otras editoriales y los reeditamos en tiradas cortas a petición de un cliente.

www.ingramcontent.com/pod-product-compliance
Lightning Source LLC
Chambersburg PA
CBHW031210160726
47992CB00006B/2664